Exotische Wässer aus 45 Ländern weltweit

Aus der Sammlung
im *SELTERSWASSER MUSEUM* zu
Niederselters/Taunus

GEORG SCHWEDT

Herstellung und Verlag:
BoD - Books on Demand, Norderstedt
ISBN 978-3-7412-3819-2

INHALT

Zur Vorgeschichte der Wasserflaschen-Sammlung **5**

Exotische Wässer aus fünf Erdteilen

Europa (1. Island, 2. Korsika, 3. Kroatien, 4. Malta, 5. Norwegen, 6. Österreich, 7. Polen, 8. Rumänien, 9. Serbien, 10. Slowenien, 11. Tschechien, 12. Ungarn, 13. Zypern) **7**

Afrika (14. Ägypten, 15. Äthopien, 16. Kanarische Inseln: Fuerteventura, La Palma, Teneriffa, 17. Kenia, 18. Namibia, 19. Südafrika, 20. Uganda) **34**

Asien (21. China, 22. Georgien, 23. Indien, 24. Iran, 25. Israel, 26. Japan, 27. Jemen, 28. Jordanien, 29. Kambodscha, 30. Korea, 31. Libanon, 32. Mongolei, 33. Nepal, 34. Sri Lanka, 35. Syrien, 36. Thailand, 37. Türkei, 38. Vereinigte Arabische Emirate **45**

Nord- und Südamerika (39. Kanada, 40. USA, 41. Argentinien, 42. Westindische Inseln (Dominica) **71**

Australien (43. Australien, 44. Neuseeland, 45. Fidschi Inseln) **75**

Lister der Wässer **78**

Literaturangaben **80**

Zur Vorgeschichte der Wasserflaschen-Sammlung

Im Jahre 2013 erhielt das Selterswasser Museum in Niederselters von dem Münchner Sammler Hans *Figlar* eine Sammlung von über 2500 Flaschen aus 119 Ländern – gefüllt jeweils mit dem Original-Wasser – vom Quellen-, Tafel-, Mineral- bis zum Heilwasser.
Zuvor war diese Sammlung im Bayerischen Landesamt für Umwelt in München ausgestellt, wo Hans Figlar lange Zeit beschäftigt war. Weil das Amt nach Augsburg umzieht, suchte der Sammler eine neue Bleibe. Über den weltweit bekannten Begriff *Selterswasser* kam Hans Figlar bei der Suche im Internet auf die Seite des Selterswassermuseums.
Nach einem Besuch des Bürgermeisters von Selters Bernd Hartmann und des Altbürgermeisters Dr. Norbert Zabel, dem das Selterswassermuseum zu verdanken ist, fiel die Entscheidung, die Sammlung nach Niederselters zu übetragen.
Nach der Zustimmung des Gemeindevorstandes holten der Bauhofleiter Norbert Eufinger und sein Mitarbeiter Mirko Matthäi die Flaschen aus München mit zwei LKW ab.
Im Museum wurden Vitrinen aufgestellt, in denen eine interessante Auswahl an Flaschen ausgestellt ist. Die Katalogisierung und Registrierung der wertvollen Flaschen sowie die Auswahl der Ausstellungsobjekte liegt in den Händen von Gitta Eufinger, die auch weiterhin Mineralwasserflaschen von heimischen Sammlern erhält, so dass die imposante Sammlung noch weiter wächst. In unregelmäßiger Folge werden zu speziellen Themen – wie dem hier beschriebenen zu „exotischen Wässern" – ausgewählte Beispiele aus dieser Sammlung vorgestellt.
Das Titelbild zeigt einer der wertvollsten Flaschen aus Kristallglas mit einer Krone aus Japan – s. auch www.selterswassermuseum.de – Link: Weltgrößte Wasserflaschensammlung.

Blick in die Vitrinen der Dauerausstellung an Wasserflaschen weltweit (Teilansicht)

EUROPA

1. ISLAND

ICELAND GLACIAL

(Gehalte in mg/l): Ca 6,4 – Mg 2,4 – K 0,6 – Na 12 – Cl 13 – SO_4 3,4 (pH 7,75)

Quellwasser: Ölfus (Oifus) Spring

Ölfus ist auch der Name einer isländischen Gemeinde in der Region Sudurland. Im Osten des Gemeindegebietes liegt die Mündung der Ölufusá, des wasserreichsten Flusses Islands.

Die Quelle trat nach einem Vulkanausbruch vor mehr als 4500 Jahren zutage – sie befindet sich heute in einer Schutzzone.

Die Quelle wird ständig durch Regen, Schnee und Eisschmelzwasser aus den nahen Bergen gespeist, die langsam durch die

Schichten des Vulkangesteins dringen. Jeden Tag gelangen mehr als 900 Tausend Kubikmeter Wasser aus den Ölfus Spring in den Ozean.

2. KORSIKA (Frankreich)

OREZZA

Gehalte (mg/L): Ca 224 – Mg 20 – Na 8,5 – K 1,5 – HCO_3 703 – Cl 9,5 – SO_4 12 – F 0,17

Es handelt sich um einen Calcium-Hydrogencarbonat-Säuerling – das im Originalwasser enthaltene Eisen wird durch ein Verfahren der Enteisenung entfernt.

Die Mineralquelle von Orezza befindet sich in der Nähe des Ortes Piedicroce in der Castagniccia mit seinen berühmten Kastanienwäldern im Nordosten von Korsika.

Die Quelle war offensichtlich schon den Römern bekannt. Aber erst durch einen Erlass des Kaisers von Frankreich Napoleon III. (1808-1872) vom 25. April 1856 wurde das eisenhaltige Thermalwasser zur Behandlung von Krankheiten wie Anämie, Malaria, Nerven- sowie Leber- und Nierenerkrankungen zugelassen. Im 19. Jahrhundert entstanden hier auch Kurhäuser.
Heute wird das Wasser aus Orezza nur noch als Tafelwasser getrunken – von den Korsen wird es zu ihre allgemeinen Kulturerbe gezählt. Im 20. Jahrhundert wurde das Originalwasser im Zweiten Weltkrieg nach Nordafrika zur Behandlung blutarmer Soldaten verschickt.
(www.orezza.fr/deutsch/page2.htm)
Die 1998 renovierte und erweiterte Mineralwasserfabrik wird als schönes Beispiel für die Industriearchitektur des 19. Jahrhunderts bezeichnet – sie kann besichtigt werden.

3. KROATIEN

JAMNICA / JANA

Jamnica
Gehalte: (mg/L) Na 900,3 – Ca 105,2 – Mg 33,6 – K 29,4 – HCO_3 2351,7 – Cl 250,9 – SO_4 112,1 – Cl 1,1 – F 0,1.
Natrium-Calcium-Hydrogencarbonat-Wasser

Das Wasser *Jamnica* ist nach dem Ursprungsort in der Region Prigorje in Mittelkroatien benannt. Bereits 1772 wurden von der Kaiserin Maria Theresia Analysen des bereits seit Jahrhunderten bekannten Mineralwassers veranlasst. Und am 18. Oktober 1828 wurde das erste Mineralwasser abgefüllt. (Quelle: Wikipedia)

1973 wurden weitere Quellen erbohrt – darunter die Quelle *Janino vrelo* (deutsch: Quelle von Jana), aus der das Mineralwasser heute abgefüllt wird.

Etikett aus der Gründungszeit

JANA

Eine weitere Mineralwassermarke des Unternehmens stammt aus der 800 m tiefen Quelle *Sveta Jana* (deutsch: Heilige Jana), die als natürliches stilles Wasser verkauft wird.

Gehalte in mg/L:	Ca 63,0 – Mg 32,5 – Na 2,2 – K 0,8 – Fe 0,1 – HCO_3 354,7 – SO_4 5,7 – Cl 1,1 – F 0,1.

4. MALTA

FONTANA

Das Dorf, das dem Mineralwasser seinen Namen gab, liegt im Zentrum der Insel *Gozo* (maltes. Ghaudex, ital. Gozzo)der Republik Malta. Es ist zugleich ein Vorort der Hauptstadt *Victoria* (oder *Victoria Rabat*) mit Sitz eines Bischofs der Insel Gozo. Von den Bewohner wird ihr Dorf *Triq tal-Ghajn* (deutsch: Quellenstraße) genannt. Und die Quelle befindet sich an der Straße nach Xlendi – ital. *fontana*, die auf Maltesisch *Il-Ghayn il-Kbira* (Große Quellen) genannt wird. Eine Quellfassung wurde bereits im 16. Jahrhundert eingerichtet und es entstanden Bogengänge als Waschplatz für die Bewohner.

Hans E. Latzke berichtete in seinem DuMont Reise-Taschenbuch „Malta, Gozo, Comino" (2015) über diese Quelle:

„Auf dem Weg zum Urlaubsort Xlendi fährt man durch Fontana, wo eine bedeutende Quelle entspringt, die das Xlendi-Tal bewässert. Der Name steht heute auch für ein beliebtes Mineralwasser Maltas. Am Wege liegen Waschhäuser, die der deutsche Ritter Wolfgang Philipp zu Guttenberg Anfang des 18. Jh. für die Bevölkerung stiftete."
Wolfgang Philipp zu Guttenberg (1647-1733) lebte auf Malta und war ein deutscher Ritter des Malteserordens."

Angaben auf der Flasche:
(mg/L) Na 15 – NO_3 5 – F 0,8 – Cl 65, Ca 35.

5. NORWEGEN

FARRIS

Das *Farris Mineralwasser* wird in Larvik produziert. Aus der geologischen Geschichte ist zu erfahren, dass sich vor etwa 10 000 Jahren, gegen Ende der letzten Eiszeit, Larvik unter einem Gletscher und Meer lag und sich vor dem Gletscher ein Moränenrücken aufbaute, wodurch die Quellen von Farris entstehen konnten.

Die Geschichte der Quellen beginnt 1843. 1870 bestätigten Analysen den medizinischen Wert der Quelle. Es war eine Badeort entstanden, in dem das Wasser zum Trinken und auch für Badekuren genutzt wurde. 1880 entstand als Kurort Larvik Bad (ursprünglich Laurvig Bad).

1907 wurde eine Vorläuferquelle, Salus (auch Name einer römischen Göttin für Gesundheit und Glück) genannt. Die lokale Brauerei Vestfold bryggen begann mit der Abfüllung des Mineralwassers unter der Marke Salus. Zwischen 1912 und 1915 entstand eine Fabrik. Salus und Farris erhielten durch königliche Erlaubnis, sich König Haakon Quelle bzw. Königin Maud Quelle zu nennen.

König Haakon VII. (1872-1957) stammte aus der Dynastie Schleswig-Holstein-Sonderburg-Glücksburg. Er nahm 1905 die Wahl zum norwegischen König an und begründete als Stammvater die aktuelle norwegische Königsfamilie.

1915 wurde der Name *Farris* eingeführt und es entstand eine neue Mineralwasserfabrik. 1976 wurde Farris in Literflaschen abgefüllt und die blaue Farbe dieser Marke wurde um 1988 eingeführt. Seit 1993 gibt es das Mineralwasser in Kunststoff-Flaschen. Beim Mineralwasser *Farris* handelt es sich um das älteste norwegische Mineralwasser.

Gehalte (mg/L): Na 400 – Mg 30 – Ca 26 - - K 15 – Cl 590 – HCO$_3$ 300 – SO$_4$ 15 – Si 14.

Das Mineralwasser stammt aus Regenwasser, das auf einen bewaldeten Hügel fällt.
Es fließt langsam durch die genannte glaziale Moräne, wo es filtriert wird und die Mineralien aufnimmt. Nach 15 bis 20 Jahren gelangt es stark mineralisiert wieder an die Oberfläche. 1988 wurde eine weitere Quelle in einer Tiefe von 21 Metern entdeckt, aus der das heutige Mineralwasser stammt.
(Informationen unter „Farris (mineral water)" in Wikipedia)

6. ÖSTERREICH

VÖSLAUER

Die Thermalquelle im heutigen Bad Vöslau soll bereits in der Antike bekannt gewesen. Schriftlich wurde sie erstmals 1136 erwähnt. Das heutige Thermalbad entstand am Ende des 19. Jahrhunderts.
Das Unternehmen Vöslauer Mineralwasser AG bezeichnet sich selbst als „Österreichs Nummer 1" – als Marktführer in Österreich (2010: 280 Millionen Liter). Als Gründungsjahr wird 1936 angegeben. (www.voeslauer.de/web/ - auch in Wikipedia)

Im Link „Quellanalyse" werden (30.4.2016) zwei *Vöslauer Ursprungsquellen (VI* und *VII)* mit den Daten für das quellfrische Wasser angegeben (Auszüge aus den Vollanalysen von 2012).
Unter dem Link „Geschichte" sind weitere Details zu erfahren: 50 nach Christus: Nutzung der Vöslauer Heilquellen durch die Römer – 1825 erste Fassung der Heilquelle durch Beethovens Leibarzt Dr. Malfatti von Monteregio, der auch wissenschaftliche Studien durchführt – 1873 Eröffnung des Thermalbades – 1936 Gründung der Vöslauer Heilquellenverwertungs-Gesellschaft durch die Zentralsparkasse, heute Vöslauer Mineralwasser AG – 1990 *Friedensreich Hundertwasser* entwirft Etiketten für die Vöslauer Gastronomieflaschen – 1998 Einführung der PET-Flaschen.
Die 660 m tief liegende Quelle ist artesisch. Erste Analysenergebnisse wurden 1775 veröffentlicht.
Johann Baptist Malfatti, Edler von Monteregio (1775-1859) war ein italienisch-österreichischer Mediziner.

Als Sohn eines Kaufmannes in Lucca geboren, studierte Malfatti Medizin bei Luigi Galvani in Bologna, promovierte in

Wien 1797 und betrieb ab 1904 eine eigene Praxis. 1858 wurde er in die Deutsche Akademie der Naturforscher Leopoldina aufgenommen. 1809 lernte er auch Beethoven kennen, der im 1811 zu einer Kur in Teplitz riet. Um die österreichischen Heilbäder Bad Ischl und Bad Vöslau erwarb er sich große Verdienste.

Daten auf der Flasche (mg/L):
K 1,81 – Na 11,40 – Mg 43,30 – Ca 110,3 – Cl 21,00 – SO_4 229,0 – HCO_3 255,00 – H_2SiO_3 13,30.

„Hundertwasser"-Flasche

ASTORIA und ALPQUELL

In der Nähe von Schloss Matzen bei Reith im Alpbachtal (Tirol) werden diese beiden Mineralwässer abgefüllt.

Schloss Matzen, im romanischen Stil erbaut, wurde urkundlich 1167 im Besitz des Ritters von Freundsberg erstmals erwähnt. Der Hügel, auf dem es steht, war schon in der Bronzezeit ein Siedlungsplatz. Zur Befestigung der Römerstraße im Unterinntal entstand das römische Masciacum. Heute ist es ein Schlosshotel.

Es handelt sich um Calcium-Sulfat-Mineralquellen, von denen die Aubad-Quelle (in der Gemeinde Münster) 1611 schon erwähnt wurden. Zur Zeit der Kaiserin Maria Theresia waren sie 1777 bereits als Heilquellen im sogenannten „Gesundbrunnen der Österreichischen Monarchie" aufgeführt.

Das Wasser kommt aus den Zillertaler Alpen, nachdem es viele Jahre in deren Felsen verweilt und dabei mineralisiert wurde. Die jährliche Schüttmenge liegt bei etwa 600 Millionen Liter. Seit den 1970er Jahren wird das Mineralwasser abgefüllt und weltweit vertrieben.

Alpquell Tirol
Gehalte (in mg/L): SO_4 587,5 – Ca 250,9 – Mg 41,1 – Na 3,7 – Cl 4,7 – NO_3 2,7 – K 2,9 – F <0,1 – HCO_3 246,0..

Astoria
Gehalte (prickelnd, in mg/L): SO_4 466,0 – HCO_3 246,4 – Ca 210,0 – Mg 38,8 – Na 3,2 – Cl 4,0 – NO_3 2,9 – K 2,0 – F < 0,5.

7. POLEN

NALECZOWIANKA

1817 wurden die außergewöhnlichen Eigenschaften des Wassers von dem an der Warschauer Universität tätigen Professor Peter Celinski (gest. 1832) beschrieben. Celinski war Professor der Chemie und Medicinalassessor. In dem genannten Jahr 1817 erschien seine Brunnenschrift in polnischer und deutscher Sprache.
Es entstand der Kurort Naleczow in der Woiwodschaft Lublin im Osten von Polen.

Deklarierte Inhaltsstoffe (Produktvertrieb Nestlé) in mg/l:
Ca 110,2 – Mg 23,1 – Na 11,0 – K 2,8 – HCO_3 453,7 – Cl 9,2 – F 0,3 – SiO_2 21,52.

SWITEZIANKA

Gehalte (mg/l): Ca 78 – Mg 12 – Na 6,4 – K 1,7 – HCO_3 265 – SO_4 12 – Cl 4,5 – F 0,3.

Switezianka bedeutet im Polnischen *Wassernymphe*. Unter diesem Titel veröffentlichte der Nationaldichter Polens Adam *Mickiewicz* (1798-1855) ein Lied. Seinen Namen trägt die Universität in Posen und in Krakau steht auch sein Denkmal.

8. RUMÄNIEN

BORSEC

Borsec – deutsch Bad Boseck – ist ein Kurort im Kreis Harghita (benannt nach dem Gebirge Harghita) in Rumänien – in der Region Siebenbürgen. Die Stadt liegt im Osten Siebenbürgens, im Szeklerland (von den Szeklern, einer ungarischsprachigen

Volksgruppe besiedelt) und im Giurgeu-Gebirge, einem Teil der Ostkarpaten.

Die in der Region der heutigen Stadt entspringenden Mineralwässer sind wahrscheinlich schon im Mittelalter bekannt gewesen. Im 18. Jahrhundert war hier eine Militärgrenze, an der die Südostflanke des Kaisertums Österreich vor dem Osmanischen Reich geschützt werden sollte.

Zu Beginn der 1760er Jahre entstanden die erste Gebäude zur Behandlung von Kranken. 1804 erhielt der Hofkriegskonzipist (-Schreiber) Johann Valentin Günther eine Konzession des Mineralwassers, über dessen Zusammensetzung in den 1770er Jahre erste wissenschaftliche Abhandlungen er-schienen waren. Ab 1822 wurde das Mineralwasser auch bis nach Wien versandt, das auf der Weltausstellung 1873 in Wien eine Auszeichnung als „Königin der Mineralwässer" erhielt. Noch heute zählt die Mineralwasserproduktion zu den wichtigsten Wirtschaftszweigen des 1956 zur Stadt erklärten Ortes. (Informationen in Wikipedia)

Inhaltsangaben auf der Flasche (mg/L):
Ca 60,80 – Mg 30,90 – Na 3,40 – Cl 1,60 – SO_4 10,0

Michael Roth berichtete 1981 in einem Beitrag über „Harghita – Land der 2000 Heilquellen…" auch über Borsec:
„Sein Mineralwasser ist schon aus dem 16. Jahrhundert bekannt und zählt heute zu dem begehrtesten Tischwasser. Die ersten Kuranlagen standen schon im Jahre 1700 und verdanken ihr Bekanntwerden einem Herrn Anton Zimmethausen, der dafür sorgte, dass Borsec-Mineralwasser bis nach Wien gelangte und auch ausländische Kurgäste Borsec aufsuchten."
(www.easternimages.de/KommMit/1981/TusnadMineralwasser.htm - 30.4.2016)

Borsec (Borescul) wird seit 1804 als „Perle der Karpaten" bezeichnet – mit Vergleichen zu Baden-Baden und Karlsbad. Quellen aus dieser Zeit trugen Namen wie *Fürst Joseph, Petöfi* (ungarischer Dichter 1823-1849) oder *Elisabeth*.

DORNA

Vatra Dornei – deutsch *Dorna Watra* – ist ein Ort im Nordosten von Rumänien und liegt an der Mündung des Flusses Dorna im nördlichen Teil der Ostkarpaten. Der Ort wurde urkundlich erstmals zum Ende des 16. Jahrhunderts erwähnt und wurde im 19. Jahrhundert als Kurbad bekannt.
Das Mineralwasser mit dem Namen *Dorna* stammt aus *Dorna-Arini* (= Dorna Watra).

Inhaltsangaben (Vertrieb durch Coca Cola) mg/L:
Ca 300,1 – Mg 12,51 – Na 21,5 – Cl < 5 – HCO_3 1046,7 – CO_2 3876,8 – pH 5,57
Calcium-Hydrogencarbonat-Säuerling

9. SERBIEN

HEBA

Das Mineralwasser mit dem Namen *Heba* kommt aus Bujanovac. 2005 gehörte es mit 60 Millionen Liter Wasser (und Säften) zum zweitgrößten Hersteller in Serbien.
Bujanovac liegt im Süden von Serbien, am Ufer der Südlichen Morava. Der Ort wurde durch seine Mineralwasserquelle bekannt. Im Kosovo-Krieg 1999-2001 fanden hier schwere Kämpfe statt.
In der Geschichte wurde die Stadt in der Antike von Griechen und Römern beherrscht. Im Mittelalter gab es ein Königreich Serbien, im 15. Jahrhundert stand Bujanovac unter

osmanischer Verwaltung. Nach den Balkankriegen (1912/13) gab es wieder ein Königreich Serbien, ab 1918 Königreich der Serben, Kroaten und Slowenen, und von 1943 bis 1992 war die Stadt Teil der Sozialistischen Republik Serbien in der Sozialistischen Föderativen Republik Jugoslawien.

Die Daten auf der Flasche lauten (mg/L):
Na 282,10 – K 17,50 – Ca 107,30 – Mg 44,90 – Fe 0,002 – HCO_3 1256 – I 13,01 – SO_4 39,04 – F 1,71 – CO_2 4000.

VODA VODA

Das Mineralwasser stammt aus der Umgebung von Vrujci Spa in Zentralserbien am Fuße des Suvobor Berges. Es tritt aus einer Tiefe von 605 Metern zutage, wobei es durch Schichten von Kalkstein gelangt ist.

Der Kurort Banja Vrujci ist für sein heilendes Wasser berühmt. Spa deutet stets auf die Existenz von Thermalwasser (hier 26 bis 27 °C).

Das abgefüllte Mineralwasser VodaVoda wird weltweit, vor allem aber nach Russland, in der Tschechische Republik und auch nach Japan versandt.

Inhaltsangaben (mg/L): Ca 77,67 – Mg 15,79 – K 3,1 – Na 37,9 – HCO$_3$ 390 – Cl 8,33 – SO$_4$ 15,2 – NO$_3$ 1,81 – pH 7,23.

10. SLOWENIEN

RADENSKA

Seit 1869 wird in *Radenci* Mineralwasser abgefüllt. Ein Jahrhundert danach wurde ein Museum eröffnet, in dem die Geschichte dieses Mineralwassers anhand von Exponaten aus der Unternehmensgeschichte dokumentiert wird

Radenci ist eine Gemeinde im nordöstlichen Teil von Slowenien – in der historischen Region Untersteiermark (Stajerska). Sie liegt an der Mur und ist nur etwa einen Kilometer von der österreichischen Staatsgrenze entfernt. Bekannt wurde der Ort durch seine Thermen.
Der Medizinstudent und spätere Arzt Karel Henn entdeckte 1833 die ersten Quellen. 1882 begann ein Kurbetrieb und die Therme *Radenci* entwickelte sich zu einem beliebten Gesundheitsbad. 1988 wurde dann noch eine neue Quelle entdeckt, erschlossen und auch das Bad erweitert.
Das Mineral- und Heilwasser *Radenska* wird heute in über 30 Länder versandt. Schon 1869 wurde es in Flaschen abgefüllt und sogar am Wiener Hof und im Vatikan getrunken. (Quelle: Wikipedia)

Die Quellenanlage Radenska 1893

Gehalte (mg/L):
Na 440 – Ca 203 – Mg 92 – K 69 – SO_4 92 – Cl 45 – HCO_3 2200 – CO_2 3500.
Natrium-Calcium-Hydrogencarbonat-Säuerling

Im Museum wird die Geschichte des Ortes und der Quellen dargestellt und es werden Exponate aus der Frühzeit des Unternehmens ausgestellt.

11. Tschechien

Fromin – **Wasser aus der Eiszeit**

Gehalte (mg/L):
Na 2,6 – NH_4 <0,005 – Ca 67,0 – Mg 2,6 – Mn <0,05 – Fe <0,02 – Cl 3,11 – K 1,15 – SO_4 <10,0 – NO_2 0,015 – NO_3 <0,92 – f 0,12 – HCO_3 210,0.

Das Wasser aus der Quelle *Fromin* in Böhmisch Leipa enthält äußerst geringe Spuren an Metallen sowie auch an Nitrit (NO_2) und Nitrat (NO_3) sowie Ammonium (NH_4). Vor allem Ammonium gilt als „Verunreinigungs"-Parameter.
Zum „EiszeitQuell" ist auf der Webseite „fromin Water" zu lesen:

"Vor 15 000 Jahren, am Ende der Bergvereisung in Nordböhmen, begannen die Gletscher zu tauen. Das Schmelzwasser sickerte in geologisch durchlässigen Lokalitäten in den Untergrund und sammelte sich in den Tiefen der Erde, wo es seine Reinheit bis heute bewahrt hat."

In einer Pyramide der Trinkwässer steht das Eiszeitwasser an der Spitze – in der Reihenfolge Eiszeitquell-Mineralwasser-Quellwasser-Tafelwasser-Leitungswasser.
Zu lesen ist:
„EiszeitQuell ist ein ganz besonderes Mineralwasser. Es nimmt, anders als herkömmlich Quellen, nicht am neuzeitlichen Wasserkreislauf teil, denn es wird von mächtigen Gesteinsschichten geschützt. Und das schon seit der letzten Eiszeit. Darum ist es frei von Schadstoffen wie Nitrat, Nitrit, Hormonen oder Arzneimittelrückständen, die heute häufig in Grund- und Oberflächenwasser nachgewiesen werden. EiszeitQuell besitzt eine einzigartige ursprüngliche Reinheit und Qualität, so wie das Wasser vor über 10.000 Jahren." (www.eiszeitquell.de/mineralwasser/wasser/wasserarten - 20.5.2016)

Böhmisch Leipa (heute Ceská Lípa) ist eine Stadt im Norden Tschechiens – benannt nach den Herren von Leipa, in deren Besitz die zunächst kleine Siedlung war. 1381 erhielt sie Stadtrechte. Von 1634 bis 1848 war sie im Besitz des Adelsgeschlechts *Kaunitz*, dann Teil der Monarchie Österreich-Ungarn (von 1938-1945 Teil des Sudetenlandes).
Das Wasser stammt aus einer Tiefbohrung von bis zu 300 m.

12. UNGARN

Theodora

Zur Quelle existiert seit 2004 ein *Theodora Lehrpfad* (www.budapest.com/ungarn/plattensee/naturlehrpfad/ thedora_lehrpfad.dehtml – 30.4.2016)

„…Die zu Fuß begehbare Strecke startet an der Quelle des Kékkúter Mineralwasser-Abfüllbetriebes und verläuft am Sásder Bach entlang in Richtung Kornyi-See. Gehen Sie um den See aus nördlicher Richtung kommend und spazieren Sie an der Mosóház-Quelle von Kövágóörs vorbei, (so) gelangen Sie nach Kékkút zurück…"

Kékkút liegt in der Region Mittel-Transdanubien (in West-Ungarn), das von den Römer besiedelt wurde (*Aquincum*) und der Legende nach das Wasser der sauren Quellen ein Lieblingsgetränk der Kaiserin Theodora war. Der Name *Kékkút* bezieht sich auf die Quelle in einem geplasterten (gefassten) Brunnen. Das kleine Dorf wurde durch sein Mineralwasser

berühmt, das als „erdig kalkhaltig" bezeichnet wird. Urkundlich wurde der Ort erstmals 1338 erwähnt.
Kékkút liegt im sogenannten *Káli Becken*.

Gehalte (mg/L):
Ca 220,0 – Mg 56,0 – HCO_3 1050,0 – Na 32,0 – F 0,8 – NO_2-NO_3 0,0.

SZENTKIRALYI

Die noch junge Quelle wurde erst 1989 entdeckt – 20 km von der Stadt Kecskemét entfernt. Die Stadt liegt in der Großen Ungarischen Tiefebene, südöstlich der Hauptstadt Budapest und nordwestlich von Szeged. Das natürliche Wasser wird von einem Familienunternehmen vertrieben. Der Name des Dorfes Szentkirályi bedeutet wörtlich „Heiliger König" und bezieht sich auf den König Stephan I. von Ungarn (um 1000 bis 1038).

Gehalte (mg/L): Ca 63 – Na 21 – Mg 26 – HCO_3 400 – pH 7,4

13. ZYPERN

Kykkos

Das Mineralwasser ist nach dem Kloster Kykkos benannt. Es liegt zehn Kilometer westlich von Pedoulos, einem Bergdorf, auf einer Höhe von 1140 m im Troodos-Gebirge. Wegen seiner wundertätigen Marien-Ikone gilt es als eines der bedeutendsten Klöster Zyperns. Kykoss ist auch der Name eines Berges (1318 m) im Troodos-Gebirge, in dem alle wichtigen Flüsse Zyperns entspringen.

Gehalte (mg/L):
Ca 28 – Na 16 – Mg 11 – HCO$_3$ 101 – SO$_4$ 26 – Cl 23 – pH 7,7 – Gesamthärte 117.

Farmakas

Auch die Quelle dieses natürlichen Gebirgswassers liegt im Troodos-Gebirge, einem Teil der ozeanischen Küste. Es besteht aus vulkanischen Gesteinen – es handelt sich um Ophiolithe, basische und ultrabasische Gesteinsserien des Ozeanbodens. Sie bestimmen auch die Zusammensetzung der Wässer. Das Dorf Farmakas im Bezirk Nikosia auf einer Höhe von 1400 m, in dem sich die Quellen befinden, hat dem Wasser auch hier seinen Namen gegeben.
Farmakas Natural Spring Water ist ein familiengeführtes Unternehmen. Das Wasser wird seit 1993 abgefüllt.

Inhaltsstoffe mg/L:

Cl 14 – SO_4 82 – HCO_3 124 – NO_3 1 – NO_2 <0,01 – Na 37 – K <1,7 – Ca 34 – Mg 7 – pH 7,9.

AFRIKA

14. ÄGYPTEN

AQUA SIWA

Die Oase *Siwa*, die dem Wasser ihren Namen gab, liegt in der libyschen Wüste. In ihr leben vorwiegend Berber. Ägyptisch wird sie *Sekhetam*, d.h. Palmenland, genannt, die hier in großen Gärten und Plantagen mehr als 300 000 Dattelpalmen stehen. Die Geschichte der Oase lässt sich bis in die Zeit um 1500 v. Chr. zurück verfolgen. Der Haupttempel war dem Gott Amun geweiht. Der bekannteste Besucher der Oase war Alexander der Große. In der Antike war sie auch als Orakelstätte der Beduinen bekannt.

Wässer mit dem Namen *Siwa* werden von der Sadat Group vertrieben, zu der neun ägyptische Unternehmen gehören.

Inhaltsstoffe (mg/L):
Ca 8 – Mg 7,2 – Na 51 – K 14,3 – HCO_3 124,44 – SO_4 17 – Cl 36 – F 0,15 – SiO_2 20.

15. ÄTHIOPIEN

AQUADDIS (Addis Adeba)

Hersteller dieses mikrofiltrierten, mit UV-Licht behandelten Wassers ist Barayu Spring Water Plc in Addis Adeba. Das Wasser ist gering mineralisiert und vor allem für eine natriumarme Ernährung geeignet. Als Behandlungsverfahren wird zusätzlich noch die Umkehrosmose angegeben – offensichtlich um höhere Natriumchlorid-Gehalte (und andere unerwünschte Inhaltsstoffe) zu entfernen.

Gehalte (mg/L): Ca 3,30 – Mg 1,95 – Na 23,80 – K 1,65 – HCO_3 73,20 – Cl 7,60 – pH 6,70.

16. Kanarische Inseln – vor Westafrika (zu Spanien)

A) Fuerteventura

Fuente Alta

HCO_3 305 – SO_4 1,75 – Cl 5,03 – NO_3 9,80 – F 0,48 – Ca 29,4 – Mg 14,8 – Na 59,5 – K 9,97.

Quellwasser aus Villaflor
Villaflor liegt auf einer Höhe von 1400 m über dem Meer und ist damit der höchstgelegene Ort der Insel und auch der Kanaren insgesamt. Er liegt an der Straße vom Touristenzentrum Los Christianos im Süden zum Teide Nationalpark. Die Umgebung ist durch ausgedehnte Kiefernwälder geprägt, welche in der Lage sind, den Wolken ihre Feuchtigkeit zu entziehen. Die Einwohner leben – außer von durchreisenden Touristen – vorwiegend vom Abfüllen der beiden Mineralquellen *Pinalito* und *Fuente Alta* sowie vom Verkauf handgefertigten Kunsthandwerks (Schnitzereien und Stickereien). Außerdem werden am Ort die auf der gesamten Insel bekannten Kekse aus Mandeln und Honig hergestellt. Sehenswert ist die dreischiffige Kirche San Pedro aus dem 17. Jahrhundert; berühmt ist der Ort als Geburtsort des bisher einzigen mittelamerikanischen Heiligen El Hermano Pedro de Betancur (1626-1667), der in Villaflor geboren und 2002 von Papst Johannes Paul II. heilig gesprochen wurde. Von der Kirche führt der Weg direkt zur Quelle und zum Betrieb der Mineralquellen. (...)

Am Quellenhäuschen, oberhalb des Betriebsgeländes und der Abfüllhalle gelegen, befindet sich eine Informationstafel – auch mit einem Text in deutscher Sprache: ‚Vilaflor de Chasua ist aufgrund seines Wasserreichtums bekannt geworden, was die Gründung des Dorfes und die Entwicklung der Landwirtschaft zu Beginn des 16. Jahrhunderts förderte. Die Fülle an Wasser hat auch unmittelbare Konflikte zwischen der Familie Soler und der Dorfgemeinde hinsichtlich des Eigentums und der Nutzung der Quelle verursacht. Die Wasserversorgung von Vilaflor geschah seit Menschengedenken in dem Ort, der sich El Chamillo nennt wo *Madrodel Abajo* (sich) vereinigt mit der Quelle *el trastede Doña Beatriz*. Die Quelle, datiert auf das Jahr 1903, stellte einen Treffpunkt dar, an dem die Bauern das Wasser für ihre Häuser holten und zudem benutzten sie sie als Wasserstelle für ihre Tiere...' (...)" (G. Schwedt in CLB 63 (2012), 258-261)

B) LA PALMA
AGUAS de la PALMA

Inhaltsangaben mg/L:
HCO_3 39,4 – SO_4 1,2 – Cl 4,3 – Ca 1,6 – Mg 1,7 – na 11,9 – K 3,0 – SiO_2 33,6 – F <0,2.
(Laboratorio Dr. Oliver Rodés 2014)

C) TENERIFFA
FONTEIDE (Orotava)

Mineralwasser aus der Region La Orotava
Aus der von Humboldt besuchten fruchtbaren Region zwischen der Hafenstadt Puerto de la Cruz, damals [Mai 1799] noch als Hafen von Orotova bezeichnet, und der Region um La Orotava stammt auch das Mineralwasser *Fonteide*.

„Auf dem Weg nach Mittel- und Südamerika hielt sich Humboldt im Mai 1799 eine Woche lang auf Teneriffa auf. In seinem Werk ‚Reise in die Aequinoctial-Gegenden des neuen Continents' (Cotta, Stuttgart 1861) schilderte er auch die Wassersituation in der Region zwischen Puerto de la Cruz und dem Berg Teide in der Nähe von Orotava (Villa de Orotava):
‚Villa de Orotava macht schon von weitem einen guten Eindruck durch die Fülle der Gewässer, die auf den Ort zueilen und durch die Hauptstraße fließen. Die Quelle *Aqua mansa*, in wie große Becken gefaßt, treibt mehrere Mühlen und wird dann in die Weingärten geleitet...'

Auf 1017 m Höhe, auf dem Weg zum Teide, entdeckte Humboldt auch eine Quelle, über deren Entstehung er schrieb:

‚Quellenbildung setze eine gewisse Regelmäßigkeit im Streichen und Fallen der Schichten voraus. Auf vulkanischem Boden verschluckt das löcherige, zerklüftete Gestein das Regenwasser und läßt es in große Tiefen versinken. Deshalb sind die Kanarien größtenteils so dürr, trotzdem, daß ihre Berge so ansehnlich sind und der Schiffer fortwährend gewaltige Wolkenmassen über dem Archipel gelagert sieht.' (...)" (G. Schwedt in CLB s. o.)

Gehalte (mg/L):
SO_4 3,2 – F 0,2 – Mg 3,7 – SiO_2 34,2 – HCO_3 59,1 – Cl 16,9 – Ca 5,3 – Na 18,7 – K 8,7.

Insgesamt sind die Mineralwässer auf den Kanaren als relativ mineralstoffarm mit relativ hohem Kieselsäure-Gehalt zu bezeichnen.

17. KENIA

KERINGET

Als *Keringet Pure Natural Mineral Water* wird dieses Wasser aus dem Great Rift Valley bezeichnet – 8000 feet (etwa 2480 m) über dem Meer gelegen.
Als *Great Rift Valley* wird der Große Afrikanische Grabenbruch bezeichnet, eine Riftzone, die sich von Ostafrika nach Südwestasien erstreckt. Sie entstand durch die Spaltung der der Arabischen Platte von der Afrikanischen Platte während der letzten 35 Millionen Jahre. Der Ostafrikanische Graben ist ein Teil davon und durchläuft Kenia von Norden nach Süden.

Das Wasser steigt durch Schichten von Kreide, Sand und vulkanischem Gestein auf und wird in Molo am Rande des Mau Waldes seit 1992 in Flaschen abgefüllt.

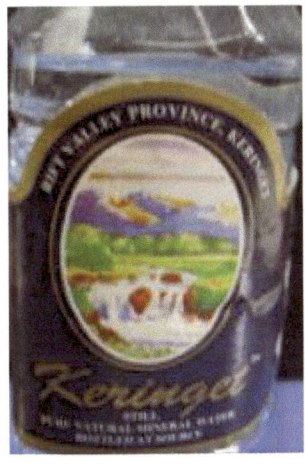

Inhaltsangaben (mg/L):

Na 40,0 – Ca 3,05 – F 1,70 – Mg 0,1 – Cl 14,8 – SO_4 10,40 – NO_3 0,48 – pH 7,29.

18. NAMIBIA

NAUKLUFT

Der Name stammt von den *Naukluftbergen*, meist nur als Naukluft bezeichnet. Sie liegen am Ostrand der Namib-Wüste und erheben sich durchschnittlich 1000 m über das Vorland. Das Naukluftmassiv bildet einen wesentlichen Teil der Großen Randstufe – einer Schichtstufe im südlichen Afrika, die das Binnenhochland gegen die Küstenebenen zum Atlantischen und Pazifischen Ozean abgrenzt. Sie zählt zu den geologisch ältesten Gebieten der Erde.

Das Grundgestein ist vulkanischen Ursprungs. Darüber liegen mächtige Dolomit- und Kalksteinschichten. In geschichtlichen Zeiten diente die unzugängliche Region vor allem als Fluchtgebiet – dank seiner ganzjährigen Quellen.

Das Naukluftgebirge liegt im Übergangsbereich zwischen Savanne und Wüste – heute ein Teil des Namib-Naukluft-Nationalparks. (Informationen aus Wikipedia)
Die Abfüllfirma für das Naukluft Mineralwasser hat ihren Sitz in Windhoek.

Gehalte (mg/L):
pH 7,1 – Ca 170 – Mg 121 – na 71,0 – K 2,0 – Cl 30,0 – SO_4 31,0 – F 0,4 – Fe 0,08.

Die relativ hohen Calcium- und Magnesiumgehalte sind aus der beschriebenen Geologie zu erklären.

19. SÜDAFRIKA

KAROO

Der Name *Karoo* bezeichnet eine Halbwüstenlandschaft in Südafrika, nördlich der Großen Randstufe. Bei Beaufort-West befindet sich der Karoo-Nationalpark – ein relativ kleines Schutzgebiet am Nordrand.

Das Wasser mit dem Namen *Karoo* stammt aus der *Farm Noblesfontein* – 40 km von Victoria-West entfernt in der Karoo-Region, der ersten Farm mit Windkraftanlagen in Südafrika.

Inhaltsangaben mg/L:
K 1,7 – Na 27,6 – Ca 14,7 – Mg 2,4 – SO_4 6 – Cl 44,1 – Fe <0,04 – F 0,7 – ($CaCO_3$ 31) – pH 7,2.

LA VIE DE LUC

Als *Still and Sparking Mineral Water* und *South Africa's number one* bezeichnet, stammt dieses Wasser aus den *Cape of Good Hope Mountains*.

Inhaltsangaben mg/L:
Ca <1 – Mg 1 – Na 8 – K <1 – Cl 12,0 – SO_4 <5 – ($CaCO_3$ 5,0) – N <0,2 – F 0,3 – Fe <0,03 – Al <0,1 – pH 5.3

Es gehört zu den am geringsten mineralisierten Wäsern, in denen die meisten Ionen nur in Spuren enthalten sind.
Der bekannte Tafelberg in dieser Region beispielsweise besteht aus quarzitischem Sandstein, der auf einem Granit-Schiefer-Unterbau aufgelagert ist. Daraus erklären sich auch die niedrigen Minetralstoffgehalte.

20. UGANDA

AQUA SIPI

Das Wasser ist mit UV-Licht behandelt und ozonisiert.
Inhaltsangaben mg/L:
pH 6,5-7,5 – Na 10 – Ca 12 – F 0,45 – Mg 13 – Fe 0,02 – Cu 0,005.
Auffallend sind die Angaben zu den Metallen Eisen und Kupfer, die aber nur in geringen Spuren vorliegen.

ASIEN

21. CHINA
Dagu Glacier Springwater

Der Dagu Gletscher liegt im Nationalpark gleichen Namens nördlich von Chengdu in der Provinz Sichuan (Südwestchina – an der Grenze zu Tibet). Aus den tibetischen Bergen stammt auch dieses Mineralwasser – aus dem Quinghau-Tibetan Plateau. Das Wasser soll aus 9000 Jahre alten Schichten stammen. *Da gu* bedeutet wörtlich Gletscher im Tibetischen.

Laoshan

Gehalte (mg/100 mL):
Sr 0,02-0,08 – Mg 0,88-2,1 – H_2SiO_3 2,5-4,5 – Ca 4,8-7,5 – K+Na 140-180 – HCO_3 380-450.

Das Unternehmen hat seinen Sitz in Shandong (deutsch Schan(d)tung, an der chinesischen Ostküste am Unterlauf des Gelben Flusses gelegen) und exportiert das Mineralwasser seit 1962 in Ländern wie Japan, die USA, Panama, Singapur, Malaysia und nach Hongkong.

Wahaha

Wahaha oder Hangzhou Wahaha Group ist der Name eines chinesischen Getränkeproduzenten, das sich zum größten chinesischen Hersteller von Softdrinks entwickelt hat. Mit dem Danone-Konzern bestand zwischen 1996 und 2007 ein Joint Venture (51 % Danone). Wahaha soll phonetisch ein Kinderlachen beschreiben. Der Gründer des Unternehmens *Zong Quibghou* ist auch Abgeordneter im Nationalen Volkskongress. Nach Angaben des Forbes Magazins gehört er zu den reichsten Chinesen.

22. GEORGIEN

BORJOMI

Inhaltsangaben mg/L:
Na 1375-1650; K 15-45; Ca 20-150; Mg 20-150; HCO_3 3660-4270; Cl 350-435; Sulfat <50, F <5.

Bordschomi (Borjomi) ist ein Kurort im Kleinen Kaukasus am Fluss Kura – bekannt durch sein gemäßigtes Klima, seine Naturschönheit und seine Heilquellen.

Das Heilwasser ist ein Hydrogencarbonat-Natrium-Säuerling. Es wird gegen Erkrankungen des Magen-Darm-Trakts, der Bauchspeicheldrüse und bei Stoffwechselerkrankungen eingesetzt. Es kann an verschiedenen Quellen im Kurort kostenfrei entnommen werden.

Trinkhalle in Borjomi

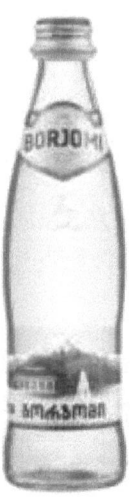

1906 gründete der Großfürst Nikolai Michailowitsch *Romanow* (1859-1910; russischer General der zaristisches Armee, Historiker und Unternehmer) die erste Abfüllfabrik und führte das Wasser unter dem Namen des Kurortes in Russland ein. Das Unternehmer existiert noch heute – inzwischen Eigentum der niederländisch-georgischen Firma

Georgian Glass und Mineral Water. Das Wasser wird vor allem nach Russland, nach Westeuropa, auch in die USA und nach Israel exportiert.
Die Heilquellen wurden bereits im ersten Jahrtausende n. Chr. genutzt. Russische Soldaten berichteten 1829 von der Wirkung des Heilwassers nach Moskau. Der Name soll von *borj* (Festung) und *omi* (Krieg) abgeleitet sein. (ausführliche Informationen in wikipedia)
Die Gehalte an Mineralstoffen werden auf der Webseite vom Hamburger Lieferanten geovino wie folgt angegeben (mg/L):
Na 743 – K 17,8 – Mg 26,2 – Ca 66,9 – Cl 186 – HCO_3 2018.
Das Wasser ist vulkanischen Ursprungs.

23. INDIEN

AQUAFINA

Der Hersteller wirbt mit seine 7-Stufen-Reinigungsverfahren – aber nur das erste wird genannt: Vorfiltration. Herkunfts- bzw. Abfüllort ist *Bajpur*, einer Stadt, die früher als Bazpur bekannt und durch einen mächtigen Herrscher aus der Chand-Dynastie gegründet wurde. Sie liegt im Bundesstaat *Uttaranchal* im nördlichen Teil von Indien, der erst 2007 als 27. Staat der Republik Indien entstand. *Bajpur* ist wohl Nachbar zu der Industriestadt Rudrapur als auch zu der historischen Stadt *Kashpur*. In Bajpur wurde von *Nehru* 1959 die erste genossenschaftliche Zuckerfabrik gegründet.

HIMALAYAN

Der Name dieses Wassers deutet auf eine Herkunft aus dem Himalaya. Als Herkunftsort ist *Dhaulakua* im Distrikt *Simour* angegeben.

Das angegebene TATA-Unternehmen ist ein indischer Mischkonzern, der nach dem Parsen Jamshedij Tata benannt wurde. Er begann mit eine Ölmühle, die er in eine Spinnerei umwandelte. 1874 gründete er eine Baumwollmühle in Nagpur. 1903 eröffnete er das von ihm erbaute Taj Mahal Palace in Mumbai. Das Unternehmen durch seine Söhne erweiterte die Geschäfte auf den Stahl- und Energiesektor im 20. Jahrhundert. Bis 2012 waren nachkommen von Tata

Vorsitzende diese Firmen-Konglomerats, im dem das Mineralwasser nur einen kleinen Anteil hat.

Gehalte (mg/L):
Ca 6,2 – HCO$_3$ 26,3 – Mg 1,5 – F 0,02 – Na 2,0 – K 0,4 – NO$_3$ 0,4 – pH 7,3.

24. IRAN

KOOH RANG – Zagros Mountain

Gehalte (mg/L):
HCO_3 260,64 – Ca 62,72 – Mg 20,30 – SO_4 20,98 – Na 10,79 – K 1,37 – F 0,23 – NO_3 4,04 – Cl 16,4 – PO_4 0,31 – NH_4 0,07 – pH 7,5.

Die *Zagros Mountains* bilden das größte Gebirge im Iran. Kleinere Teile davon befinden sich auch auf dem Gebiet des Irak sowie in der autonomen Region Kurdistan. Das Zagrosgebirge ist durch die Kollision zweier Kontinentalplatten – der eurasischen und der arabischen Platte – entstanden.

ZAM ZAM – Tabriz

Inhaltsangaben mg/L:
Ca 20-30; Mg 4-8; Na 15-20; K 2-5; SO_4 10-20; Cl 10-20; NO_3 2-4; Härte 60-80; pH 6,7-7,2.

Die Daten lesen sich so, als ob nur halbquantitative Tests durchgeführt worden wären. Sie deuten möglicherweise aber auch daraufhin, dass die Gehalte schwanken.
Das Besondere dieses Wassers ist sein Name: *Zam Zam*. So heißt nämlich eine Quelle bzw. der Brunnen eines Brunnens im Hof der großen Moschee von Mekka.
In der „Enzyklopädie des Islam"
(www.eslam.de/begriffe/z/zamzam-brunnen.htm - 2.5.2016) ist u.a. darüber zu lesen:

Der Zamzam-Brunnen ist eine heilige Süßwasserquelle bei der Kabaa. Diese entsprang zwischen den beiden Hügeln Saffa und Marwa, als Hadschar, die Frau Abrahams, zwischen diesen Hügeln in der verzweifelten Suche nach Wasser für ihren Sohn Ismail siebenmal hin und her lief. Als sie erschöpft zu Ismaal zurückkehrte, fand sie eine sprudelnde Quelle vor…"
An technischen Details über diesen Brunnen ist zu erfahren, dass er ca. 30 m tief ist und sich aus Pumpversuchen gezeigt hat, dass die Quelle ein großes Einzugsgebiet hat.

Der genannte Ort Tabriz (Täbris) ist die Hauptstadt von Ost-Aserbaidschan im Iran.

Das Wasser aus dem Brunnen *Zamzam* soll seinen Ursprung im Paradies und somit heilende Wirkungen haben.
Von Pilgern wird das Wasser vor Ort im Rahmen des Wallfahrtsrituals getrunken und sie bringen auch oft kleinere Mengen mit nach Hause. Das Wasser wird durch UV-Bestrahlung keimfrei gehalten. Der kommerzielle Handel ist nach saudischem Gesetz verboten. In Europa tauchen jedoch auch Fälschungen auf.

25. ISRAEL

NEVIOT

1998 entdeckten Geologen in der Nähe von *Kiryat Shmona* – im Norden Israels an den westlichen Hängen des Hula-Tales in der Nähe der Grenze zum Libanon – eine Quelle. Das Hula-Tal ist eine landwirtschaftliche Region und reichlich frischem

Wasser. Seit der Entdeckung wird das Wasser abgefüllt und in Israel vertrieben.

Inhaltsstoffe mg/L:
Na 9 – SO_4 7 – P_2O_5 1 – K 0,8 – F 0,2 – pH 7,5 – HCO_3 260 – Ca 70 – Cl – NO_3 17 – Mg 16 – SiO_2.

Das Wasser ist gering mineralisiert, kann jedoch als Calcium-Hydrogencarbonat-Quellwasser bezeichnet werden, das eine geringe Belastung durch Nitrat aufweist – offensichtlich eine Folge der landwirtschaftlichen Nutzung in der Region.

26. JAPAN

FILLICO

Die Fillico-Schmuckflaschen, die für die Abfüllung des Wassers verwendet werden, machen dieses Wasser zum weltweit teuersten Mineralwasser.

Das Design entstand 2005 – inspiriert von der Trulli von Alberobello. Der Name soll aus drei italienischen Wörtern entstanden sein: aromatico (Klarheit), filo (Sympathie) und ricco (Reichtum).

Das Wasser stammt aus der Nähe von Kobe, vom Mount Rokko(u) aus dem Nunobiki-Fluss im Rokkou-Nationalpark. Das Wasser kommt aus dem Granitmassiv.

Die Flaschenverzierung besteht aus Kristallglas von Swarovski (Preise bei 100 Dollar pro Flasche).

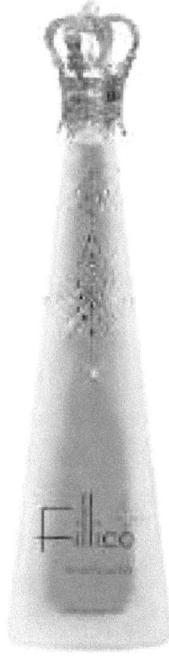

Auf der Webseite www.bottledwaterweb.com/bottlersdetail.do?k=964 (vom 2.5.2016) werden die Gehalte an Mineralstoffen wie folgt angegeben (mg/L):
Ca 2,3 – Mg 0,57 – K 0,06 – Na 1,21
(also ein Quellwasser und kein Mineralwasser)

FUJI

Der Name steht für den Vulkan gleichen Namens (selten auch Fudschi) und zugleich der höchste Berg Japans mit 3776 m. Er befindet sich auf der Hauptinsel Honshu und zählt seit 2013 zum Weltkulturerbe. Geologisch befindet er sich in der Berührungszone der Eurasischen Platte, der Pazifischen Platte und der Philippinenplatte. Er gehört zu den Stratovulkanen (Schichtvulkanen). Der letzte Ausbruch ereignete sich 1707.
Das Wasser wurde durch Umkehrosmose gereinigt und hat offensichtlich vom dem Vulkan nur seinen Namen – es handelt sich um ein Trinkwasser.
Die Vertriebsfirma bietet auch Wasserreinigungsgeräte an - mit dem Hauptsitz in den USA (Los Angeles) – mit einem Präsidenten aus Japan!

SAPPORO

Auch dieses Wasser trägt einen japanische Namen – den der Hauptstadt Sapporo der Insel Hokkaido. Es wird von der Chiba-Brauerei (in Funabashi auf Honshu, der Hauptinsel Japans – an der Meeresküste) als *Diätwasser*(!) vermarktet.

SUNTORY

Unter *Suntory* firmiert ein Getränkehersteller und -anbieter mit einem umfangreichen Sortiment – 1899 gegründet in Osaka (mit Wein). Die Herkunft des Wassers wird mit *Minami Alps* angegeben – die japanischen Südalpen auf der Hauptinsel Honshu westlich von Kofu. Das Wasser wird als natürliches Wasser bezeichnet.

27. JEMEN
HADDA

Angaben auf der Flasche:
pH 7,5 – Ca 8 – Mg 12 – Na 40 – K 1,5 – HCO_3 50 – Cl 60 – NO_3 2 – SO_4 15 – F 0,7.

Die Mineralwasserfabrik für dieses Mineralwasser befindet sich südwestlich von Sanaa – der Hauptstadt des Jemen.

28. JORDANIEN
GHADEER

Die Quelle liegt in den Sharah Mountains bei Wadi Musa, einer Stadt (mit Touristik) im südlichen Jordanien östlich von der archäologischen Stätte Petra – ursprünglich bekannt als Raqmu der Nabatäer.
Plinius beschrieb den Ort als Hauptstadt der Nabatäer und als Mittelpunkt des Karawanen-Handels. Er ist von hoch aufragenden Felsen umgeben und wird von einem Fluss bewässert. Gaza liegt im Westen und Damaskus im Norden, wohin auch die wichtigsten Handelsrouten führten.

Archäologische Ausgrabungen haben gezeigt, dass die Nabatäer in der Lage waren, die aus den Bergen kommenden Wässer – oft als Sturzfluten – durch Dämme und in Zisternen sowie Wasserleitungen zu regulieren. Seit 1985 zählt Petra zum Weltkulturerbe.

Angaben auf der Flasche mg/L:
pH 7,5 – Ca 8 – Mg 12 – Na 40 – K 1,5 – HCO_3 50 – Cl 60 – NO_3 2 – SO_4 15 – F 0,7.

29. KAMBODSCHA

Angkor Fresh Water
Das Unternehmen *Angkor Fresh Water and Brand Angkor Beer* hat seinen Sitz in Siem Reap, Name der Hauptstadt und Provinz – bedeutet wörtlich „Ort der Niederlage der Siamesen" und bezieht sich auf den Sieg der Khmer über das Herr des Thai-Königreiches Ayutthaya im 17. Jahrhundert.

Bekannt ist vor allem die in der Nähe gelegene Tempelanlage Angkor Wat (240 km nordwestlich der Hauptstadt Phnom Penh. Siem Reap liegt auch in der Nähe eines Sees – Tonle-Sap-See genannt, des größten Sees Südostasiens – und des gleichnamigen Flusses.

Das Wasser ist nach mehreren Verfahren behandelt worden: Filtration – Umkehr-Osmose – UV-Bestrahlung – Ozonisierung.

30. KOREA (Süd-)

Hanju purewater - JEJU

Der Name *Jeju* bezeichnet eine Provinz und Insel südlich der koreanischen Halbinsel. Die Insel, eine subtropische Vulkaninsel mit dem Berg Hallasan (1950 m hoch), allem wegen ihrer Naturschönheiten gelobt und wurde zum UNESCO-Welterbe erklärt. Die Insel weist zahlreiche Lavatunnel, eine Kratersee und den einzigen Wasserfall in Asien auf, der direkt sein Wasser direkt ins Meer ergießt.

Inhaltsangaben mg/L:
Ca 7,49 – Mg 7,61 – Na 8,99 – Cl 2,68 – F 0,0.

31. LIBANON

RIM

Die Rim-Quelle befindet sich im Bereich des Berges Mount *Sannine* im Gebirgszug Lebanon, der sich entlang des ganzen Landes parallel zur Mittelmeerküste erstreckt. Der Berg Sannine besteht vor allem aus Kalkstein und hier befinden sich zahlreiche Quellen.

Inhaltsstoffe (mg/L):
Ca 33 – Mg 16 – Na 2,3 – K 0,3 – Fe <0,01 – HCO$_3$ 150 – SO$_4$ 12 – Cl 7 – NO$_3$ 1,5 – F 0,10.

32. MONGOLEI
UVUR JANCHIVLIN

Als Herkunftsort ist *Ulaanbaatar* (Ulan Batar) angegeben. Die Hauptstadt der Mongolei liegt auf einer Höhe von 1300 m. Die Hydrogencarbonat-haltige Quelle *Janchivlin* mit vor allem Calcium und Magnesium befindet sich im Nalaich Distrikt. Von den dort lebenden Menschen wird das Quellwasser als Trinkwasser genutzt.

Gehalte (mg/L):
Ca 7,49 – Mg 7,61 – Na 8,99 – Cl 2,68 – F 0,0.

33. NEPAL

KINLEY

Das Wasser aus der Hauptstadt Kat(h)mandu wird vom Unternehmen Coca Cola vertrieben. Es handelt sich um ein Trinkwasser, das durch Behandlung der Umkehrosmose gewonnen wurde.

Auf der Webseite zum Kinley-Water sind nur die Gehalte von Natrium (3 mg/L) und Magnesium (1 mg/L) angegeben.

34. SRI LANKA

NIRO DRINKING WATER

In der Liste „Food Control Administration Unit" (Colombo) ist dieses Trinkwasser unter der Nr. 34 aufgeführt. Das Unternehmen Nero Enterprise hat seinen Sitz in Unnaruwa, das Wasser stammt aus Gampaha – beide Orte liegen in der Provinz Minuwangoda. Das Wasser wird als Tiefenwasser bezeichnet. Minuwangoda liegt im Westen von Sri Lanka.

Inhaltsstoffe mg/L:

Gesamthärte (CaCO$_3$) 22,0 – NO$_3$ 1,70 – Cl <15,00 – SO$_4$ <10,0 – Fe <0,01.

35. SYRIEN

Boukein

Boukein ist ein Ort im Süden von Syrien – arabisch Ain al-Fijah. Hier befindet sich die Quelle des Barada-Flusses, die Damaskus mit Süßwasser versorgt. 1907 installierten Ingenieure des Osmanischen Reiches hier die erste Wasserleitung nach Damaskus.

Inhaltsstoffe mg/L:
Na 1,7 – K 0,65 – Ca 36 – Mg 17 – HCO$_3$ 183 – Cl 3,9 – SO$_4$ 4,3 – NO$_3$ 5,3 – F 0,2.

36. THAILAND
Chang Soda Water

Der Hersteller bzw. die Vertriebsfirma ist die Thai Beverage Public Comp. Die auf dem Etikett angegebenen Provinz *Ayutthaya* in Zentralthailand gehört zu den Regionen mit *spring water*, d.h. Mineralwasserquellen.

SINGHA SODA Water

Das Unternehmen hat seinen Sitz in Bangkok. Das Wasser ist mikrofiltriert.

37. TÜRKEI
HAYAT

Das Mineralwasser wird von Danone vertrieben. Die Quelle befindet sich in der Provinz Adana südlich des Taurusgebirges – und zwar in dem Landkreis Pozanti. Der antike Name der gleichnamigen Stadt war Podandus an der römischen Straße zur Kilikischen Pforte. Bekannt ist die Stadt vor allem wegen ihrer Quelle Sekerpinar.

Inhaltsstoffe mg/L:
Ca 25,45 – Mg 7,05 – Na 0,4 – K 0,2 – HCO_3 179 – SO_4 2,56 – Cl 4,9 – NO_3 1,236 – pH 7,48.

SAKA Quellwasser

Sakarya ist ein Provinz im Nordwesten der Türkei in der Marmararegion – 1999 Zentrum eines Erdbebens. Die Hauptstadt ist Adapazan – am Fluss Sakarya gelegen. Aus dieser Region stammt auch das Quellwasser.

Inhaltsstoffe mg/L:
F 0,04 – PO_4 0,84 – HCO_3 104,92 – CO_3 4,3 – Cl 1,2 – NO_3 1,6 – SiO_2 9,6 – SO_4 4,9 – Ca 32,3 – Mg 4,2 – K 0,2 – Na 5,4 – pH 8,22.

38. VEREINIGTE ARABISCHE EMIRATE
Al Ain

Al Ain , das Auge oder die Quelle, ist auch der Name einer Oase im Emirat Abu Dabi der Vereinigten Arabischen Emirate. Am Fuße des Dschabal Hafit, dem Bergrücken an der Grenze zu Oman, befinden sich auch Thermalquellen.

Inhaltsstoffe (mg/L):
pH 7,3 – Ca 8,00 – Mg 13,00 – Na 8,00 – K 2,00 . Cl 40,00 – SO_4 5,00 – HCO_3 30,00 – F <0,1.

ARWA

Es handelt sich um ein Mineralwasser, abgefüllt von der Al Ahlia Group in Dubai, dem lizentierten Abfüller und Vertreiber von Coca-Cola-Marken in den Vereinigten Arabischen Emiraten und Oman. Es wird in den meisten Ländern des Nahen Ostens und wird seit 1990 hergestellt. *Arwa* ist ein weiblicher arabischer Vorname und bedeutet u.a. zufrieden/angenehm/frisch – oder aber auch Bergziege/Hirsch.

Inhaltsstoffe (mg/L):
Ca 1,2 – Mg 20,7 – Na 3,3 – K <0,1 – Fe <0,1 – HCO_3 7 – SO_4 96,4 – Cl 1 – Ni <1, F <o,1 – pH 6,9.

NORD- und SÜDAMERIKA

39. KANADA
Iceberg Water

Das Eisberg Wasser stammt aus St. John's in Neufundland.
Nach Angaben des Abfüllunternehmens stammt es von mehrere Tausend Jahre alten Eisbergen aus der kanadischen Arktis.
Die Gehalte an Mineralien werden wie folgt angegeben mg/L:
Ca 0,7 – Mg 0,4 – Na 1,5 – SO_4 0 – NO_3 0 – Cl 6.
(www.icebergwatereurope.com/home vom 4.5.2016)

40. USA
MIZMOR (Kosher Water)

In der Wochenzeitung „Jüdische Allgemeine" ist im Artikel „Der Rest der Welt. Warum ich gern Lyoner esse – aber erst nach Sonnenuntergang" von Ayala Goldmann (12.11.2015) über *koscheres Wasser* zu lesen – nach der Beschreibung eines *Halal-Büfetts* (islamisches Büfett) mit »*Halal-Mineralwasser aus islamischen Läden*«:

...Wie kann Wasser überhaupt »halal« sein? Schließlich gibt es auch kein koscheres Trinkwasser – abgesehen von Leitungswasser, das in Israel für »kascher le-Pessach« erklärt wird, also für brotkrümelfrei. Na gut, es gibt Rabbiner, die ein Koschersiegel für Mineralwasser erfunden haben. Dabei könnte es aber, vermute ich, nicht nur um die Flaschen gehen, sondern auch um den Geldbeutel der Rabbis."

Auf der Webseite „Israel heute" (21.April 2005) ist im Beitrag „Koscheres Wasser in Jerusalem" zu lesen:

„Während des Pessachfestes wird das Leitungswasser der Hauptstadt ungesäuert und somit Koscher für Pessach sein. Das Wasser wird aus einer Bohrung bei Rosch Ha'ayin über Rohre nach Jerusalem geleitet werden. Im allgemeinen kommt das Leitungswasser aus dem See Genezareth über die Movil-Ha'arzi-Wasserleitung, die zum größten Teil unter freiem Himmel verläuft. Um jedoch zu vermeiden, dass winzige Brotkrümel oder Essensreste, die von Fischern oder Urlaubern ins Wasser geworfen wurden, mit dem Trinkwasser genossen werden, da es während der sieben Festtage entsprechend der Bibel verboten ist Sauerteig zu essen, bat Jerusalems Bürgermeister Lupolianski die Mekorot-Wassergesellschaft um reines Wasser..."

Der Standort der Abfüllfirma ist *Forestport* im Staate New York in Oneida County (zu Ehren des Irokesen Stammes Oneida in diesem Gebiet).

41. ARGENTINIEN

Villavicencio
Das Wasser stammt offensichtlich aus der Sierra de Villavicencio, einem Wasserschutzgebiet, das seit mehr als hundert Jahren besteht. Bei der Quelle handelt es sich um natürliches Mineralwasser aus den Ausläufern der Anden mit mehr als 1750 m über dem Meeresspiegel. Das Gebiet liegt etwa 50 km von der Stadt Mendoza in der Mitte Argentiniens.

42. Westindische Insel Dominica

Loubiere
Das Wasser stammt von den Westindischen Inseln – von Dominica, einem Inselstaat in den Kleinen Antillen in der östlichen Karabik.
Inhaltsstoffe (mg/L):
Na 13,0 – Ca 12 – Mg 4,5 – K 2,6 – HCO_3 7,6 – Cl 8,5 – SO_4 3,0 – NO_3 2,3.

AUSTRALIEN/NEUSEELAND

43. Australien

Peats Ridge Springs
Natural Spring Still Water

Inhaltsstoffe (mg/L):
Cl 18,00 – Na 10,00 – Mg 2,8 – Ca 2,0 – HCO$_3$ 1 ???

44. Neuseeland
Deep Origin Artesian Water

Das 2006 mit einer Goldmedaille beim „Berkley Festival of Water" ausgezeichnete Mineralwasser stammt aus der *Otakiri* Quelle in *Whakatane*. Es dringt nach einer Verweildauer von etwa 50 Jahren aus dem Untergrund einer artesischen Quelle.
Whakatane liegt an der Bay of Plenty auf der Nordinsel von Neuseeland. Der gleichnamige Fluss fließt direkt an der Stadt in den Pazifik.

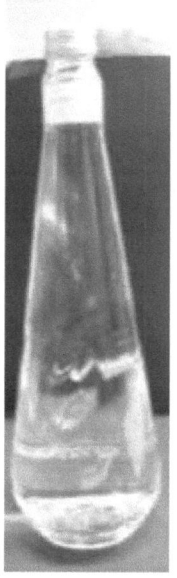

Inhaltsstoffe mg/L:
Ca 3,3 – Mg 1,9 – NO_3 0,3 – Na 11,0 – SO_4 7,6 – F 0,09 – K 3,3 – Cl 8,3 – HCO_3 40 – SiO_3 73.

45. Fidschi-Inseln

FIJI Water

Es handelt sich um ein Wasser, das einem artesischen Brunnen in Fidschi, einem Inselstaat östlich von Australien und nördlich von Neuseeland, entnommen wurde. Als Herkunftsort wird die Insel Viti Levu angegeben. Das Wasser soll frei von jeglicher Verschmutzung sein, da es nicht gepumpt und nach einem besonderen Verfahren abgefüllt wird, durch welches jeder Kontakt mit der Atmosphäre verhindert wird. 1996 wurde die Fiji Water Company gegründet, 1997 lieferte sie die ersten Flaschen in die USA, später auch nach Kanada, Mexiko, in das Vereinigte Königreich, nach Frankreich, in die Karibik und nach Australien. In den USA hat sich das Wasser zu einem Lifestyleprodukte entwickelt. (Informationen aus dem Wikipedia-Eintrag *Fiji Water*, 5.5.2016)

Inhaltsangaben mg/L:
Na 1 – Ca 15 – Cl 9 – SO_4 13 – SiO_2 94 – pH 7,8 – HCO_3 152 – Mg 14 – K 4 – SO_4 3.

Liste der Wässer

EUROPA
1. Island: *Iceland Glacial*
2. Korsika (Frankreich): *Orezza*
3. Kroatien: *Jamnica, Jana*
4. Malta: *Fontana*
5. Norwegen: *Farris*
6. Österreich: *Vöslauer, Astoria* und *Alpquell*
7. Polen: *Naleczowianka, Switezianka*
8. Rumänien: *Borsec, Dorna*
9. Serbien: *Heba, Voda Voda*
10. Slowenien: *Radenska*
11. Tschechien: *Fromin*
12. Ungarn: *Theodora, Szentkiralyi*
13. Zypern: *Kykkos, Farmakas*

AFRIKA
14. Ägypten: *Aqua Siwa*
15. Äthiopien: *Aquaddis*
16. Kanarische Inseln: a) Fuerteventura: *Fuenta Alta*, b) La Palma: *Aguas de la Palma*, c) Teneriffa: *Fonteide*
17. Kenia: *Keringet*
18. Namibia: *Naukluft*
19. Südafrika: *Karoo, La Vie de Luc*
20. Uganda: *Aqua Sipi*

ASIEN
21. China: *Dagu Glacier Springwater, Laoshan, Wahaha*
22. Georgien: *Borjomi*
23. Indien: *Aquafina, Himalayan*
24. Iran: *Kooh Rang, Zam Zam*
25. Israel: *Neviot*
26. Japan: *Filico, Fuji, Sapporo, Suntory*

27. Jemen: *Hadda*
28. Jordanien: *Ghadeer*
29. Kambodscha: *Angkor Fresh Water*
30. Korea (Süd-): *Hanju pureater Jeju*
31. Libanon: *Rim*
32. Mongolei: *Uvur Janchivlin*
33. Nepal: *Kinley*
34. Sri Lanka: *Niro Drinking Water*
35. Syrien: *Boukein*
36. Thailand: *Chang Soda Water, Singha Soda Water*
37. Türkei: *Hayat, Saka (*Quellwasser)
38. Vereinigte Arabische Emirate: *Al Ain, Arwa*

NORD- UND SÜDAMERIKA
39. Kanada: *Iceberg Water* (Alaska)
40. USA: *Mizmor* (Kosher Water)
41. Argentinien: *Villavicencio*
42. Westindische Insel Dominica: *Loubiere*

AUSTRALIEN/NEUSEELAND
43. Australien: *Peats Ridge Springs*
44. Neuseeland: *Deep Origin Artesian Water*
45. Fidschi-Inseln: *Fiji Water*

LITERATUR

zum SELTERSWASSERMUSEUM in Niederselters/Taunus – dem Ort von URSELTERS

Norbert ZABEL, Eugen CASPARY, Willi HAMM:
Geschichte des Mineralbrunnens Niederselters.
Deutschlands bekanntester Gesundbrunnen 1536-2013.
Geschichtsverein Goldener Grund, Niederselters 2013

Norbert ZABEL, Eugen CASPARY u.a.:
Selters – ein Name erobert die Welt. Dokumentation einer Ausstellung. Geschichte des Mineralbrunnens Niederselters, Selters 2012.

Georg SCHWEDT:
Berühmte Chemiker und Mediziner über den Selters Brunnen.
Shaker Media Verlag, Aachen 2013.